Di lo que quieres decir 2022

Antología de siglemas 575

Di lo que quieres decir 2022

Antología de siglemas 575

Patricia Schaefer Röder, Editora

Colección Carey

Ediciones  Scriba NYC

Di lo que quieres decir 2022 – Antología de siglemas 575
Patricia Schaefer Röder, Editora
© 2022 PSR
Ediciones Scriba NYC
Colección Carey – Poesía

Fotografía y arte de portada: Jorge Muñoz
© Ediciones Scriba NYC, 2022

siglema575.blogspot.com

Impresión: Kindle Direct Publishing

ISBN: 9798985471328

Scriba NYC
Soluciones Lingüísticas Integradas
26 Carr. 833, Suite 816
Guaynabo, Puerto Rico 00971
+1 787 2873728
scribanyc.com

Noviembre 2022

"Plenitud total
desborda nuestras almas
arcoíris sin fin.

Abres las vidas
trayendo armonía
dulce perfume.

Zarabandas, mil
llenan los corazones
que parten su pan".

Patricia Schaefer Röder
"PAZ (II)"
© 2013

CONTENIDO

PRÓLOGO

El agua es la sustancia más importante en nuestro mundo. El agua nos da vida, nos nutre, nos calma, nos envuelve, nos purifica y nos libera. Es uno de los elementos de la Naturaleza, está presente en todos los seres vivos y en todos los ecosistemas, por donde circula sin cesar. Es el componente más abundante en la superficie terrestre en los mares, lagos, ríos y hielos, pero también está en la atmósfera en forma de nubes, y en nosotros mismos en todos los fluidos del cuerpo. A menudo, la Naturaleza usa el agua para expresarse, igual que lo hacemos nosotros cuando algo nos conmueve profundamente: con lágrimas de tristeza o dicha.

Vivimos en una época convulsa; pasamos por situaciones difíciles que nos afectan como seres humanos, como sociedades y como individuos: desastres naturales, guerras, dictaduras, injusticias, odio, enfermedades. En esos momentos de extrema vulnerabilidad también exhibimos la mayor valentía, la mayor fuerza y la solidaridad hacia nuestros semejantes que necesitan ayuda, porque siempre existe la esperanza de que todo saldrá bien.

En enero de 2022, Scriba NYC Soluciones Lingüísticas Integradas abrió la convocatoria a participar en el 8. Certamen Internacional de Siglema 575 "Di lo que quieres decir" 2022, siguiendo el éxito obtenido en las ediciones anteriores del mismo de manera ininterrumpida desde 2015. Este certamen de poesía minimalista es una vía para darle voz a la gente, para que los participantes se expresen en libertad acerca de las cosas que son importantes para cada uno y para que se acerquen entre sí y comprueben que todos somos seres humanos con cualidades, defectos, problemas y anhelos. De esta manera, el certamen busca fomentar la aceptación y promover la paz entre los pueblos.

El *siglema 575* como forma poética de métrica breve y rima libre, nos permite redefinir nuestra visión de aquello que es importante para nosotros. A través del siglema 575 concretamos figuras que nos llevan directo al grano, siguiendo así la tendencia de nuestro tiempo hacia lo puro. El siglema 575 es la bella personificación de la poesía minimalista y se basa en la premisa filosófica de que "todo se originó de un punto, y todo puede reducirse a un punto".

Un siglema 575 es un poema que se escribe en base a las letras de las palabras que definen su tema y que forman su título, que queda representado en mayúsculas, como un acrónimo. Cada estrofa posee tres versos, de los cuales la primera palabra del primero debe comenzar con la letra correspondiente a la sigla que le toca. La métrica es 5-7-5, con rima libre. Por su naturaleza acrónima, cada estrofa debe constituir una idea cerrada y terminar en punto, para así poder funcionar independientemente como un poema autónomo que trate el tema en cuestión, y en conjunto, como parte de un poema de varias estrofas que gire alrededor del mismo tema. En un siglema 575 hay tantas estrofas como letras posea el título. Al ser de temática y rima libres y permitir usar la métrica natural o las licencias poéticas, el poeta conserva todo el poder creador y conceptualizador desde el mismo título del poema.

Este año, el certamen contó con poetas de 19 países de América, Europa y Asia que enviaron un total de 444 participaciones sobre aquellos temas importantes en sus realidades actuales. El jurado evaluador lo integraron cuatro amantes de las letras de cinco países: Alberto Cerritos González (México), ganador del primer premio del 7. Certamen Internacional de Siglema 575 "Di lo que quieres decir" 2021, músico, poeta, compositor y docente galardonado en certámenes internacionales de poesía, música e improvisación poética; María Dávila (Puerto Rico), poeta y escritora, autora del poemario *Versos de lluvia*; Jeannette Bakhos (España/Venezuela), Licenciada en Ciencias Pedagógicas, promotora de la lectura a personas de todas las edades como herramienta comunicativa, educativa, expresiva y de entretenimiento; y Yomara Díaz Serrano (Estados Unidos/Puerto Rico), Master en Estudios Hispánicos de la Universidad de Puerto Rico con

—

concentración en el Siglo de Oro español y cursos de escritura creativa en la Universidad del Sagrado Corazón, Puerto Rico. El jurado consideró los siglemas 575 participantes tomando en cuenta sus cualidades líricas, minimalismo, conceptualización del tema en cada estrofa e integración de todas las estrofas en un poema que plasme el tema de inspiración.

El primer premio lo obtuvo LÁGRIMA, de Ricardo Mejías Hernánadez (Venezuela); segundo premio NUBE, de Pablo Ortiz (Argentina); tercer premio MAREJADAS, de Dora Luz Muñoz de Cobo (Colombia). Las menciones honoríficas recayeron en NEZAHUALCÓYOTL, de Gilberto Navarro Camacho (México); AMOR, de Wigberto Méndez García (Puerto Rico); CAPICÚA, de Adriana Preciado Amezcua (India/México); ASÍ NOMÁS, de Dorothée León Cadenillas (Alemania); LUNA, de Débora Carrillo González (México); ANHELARTE, de María Valentina Lazo (Venezuela) y MAR, de Francisco Pagán Oliveras (EE.UU./Puerto Rico).

Di lo que quieres decir 2022 recoge los siglemas 575 premiados, los destacados y una selección de excelentes siglemas 575 participantes en el certamen. La guerra y la paz, la naturaleza, la mujer, la madre, el amor y la alegría fueron temas universales descritos por muchos poetas en este certamen internacional. Asimismo, la negritud, la razón de vivir, el agua en sus diversas formas, la muerte, el frío y el calor, las migraciones, los sueños e incluso los vampiros, entre tantas otras estampas, quedaron plasmados a través de esta forma poética bella, esencial y minimalista.

Scriba NYC Soluciones Lingüísticas Integradas agradece la concurrencia de los participantes en este encuentro y felicita a los poetas premiados, como a todos los concursantes, por haber aceptado el reto poético del siglema 575, atreviéndose a *decir lo que quieren decir.*

Patricia Schaefer Röder
Editora

SIGLEMAS 575
PREMIADOS

Ricardo Mejías Hernández
Venezuela

LÁGRIMA

La gota que va
en mi mejilla es un
mundo que siente.

A veces es la
palabra que no salió;
es el silencio.

Guardo en cada
una la historia en
pequeños trozos.

Rezo para que
alguna llegue al mar
y lo desborde.

Imagino que
devuelven sus pasos y
me hacen feliz.

Muchas, son muchas
pero solo una es
de alegría.

Amo ésta, la
última, la desnuda
la verdadera.

SEGUNDO PREMIO

Pablo Ortiz
Argentina

<u>NUBE</u>

Nácar del cielo
suave algodón de azúcar
alma viajera.

Urdes tus pasos;
tapas por un instante
soles y lunas.

Blanca y altiva
sigues la luz del río
sangras al alba.

Eres pureza
y si de gris te vistes
eres la lluvia.

Dora Luz Muñoz de Cobo
Colombia

MAREJADAS

Misterio grande
azules jorobadas
surgen erguidas.

Agua profunda
en torbellino eleva
la dulce espuma.

Resplandecientes
noiras girando vida
cristal gotean.

Emergen lotos
en irisada danza
arropan luz.

Jolgorio dual
entre olas y energía
acompasadas.

Abrazan ninfas
y sirenas sensuales
con emoción.

Diosas en luz
vientos en sortilegio
rayos de sol.

Algarabía
surge por los corales
iridiscencia.

Seres vivientes
en preludio marino
orden divino.

MENCIONES
HONORÍFICAS

Gilberto Navarro Camacho
México

NEZAHUALCÓYOTL

Nace en Texcoco
el rey sabio y poeta
letras y leyes.

Enamorado
de las flores, el jade
y poesía.

Zumba su voz
de abeja y cenzontle
en primavera.

Alza su mano
escribe en el espacio
con obsidianas.

Huizaches verdes
inspiran ya su pluma
de faisán blanco.

Un colibrí
se posa en su cabeza
tras el penacho.

Ahora escribe
entre aromas de ocote
y suave incienso.

Lee poemas
sentado en las estrellas
con amor grande.

Coyote Rey
de maíz, calabaza
y chocolate.

¡Oh! Gran Señor
de poesía hambriento
y de saber.

Yoyotzin de oro
andante del Anáhuac
y Tenochtitlan.

¡Oh, gran abuelo!
de las floridas letras
de sol y luna.

Tlatoani eres
homenaje te damos
con honor hoy.

Letra de jade
es tu canto coyote
que bien ayuna.

MENCIÓN DE HONOR

Wigberto Méndez García
Puerto Rico

AMOR

Amarte siempre
en la quietud del alma
es como un sueño.

Mirar profundo
en la luz de tus ojos
me da sosiego.

Oír tu risa
que me envuelve en caricias
me lleva al cielo.

Rastrear ternuras
en el roce de cuerpos
es nuestro anhelo.

MENCIÓN DE HONOR

Adriana Preciado Amezcua
India / México

CAPICÚA

Con cada final.
Termina y comienza.
Atando cabos.

Antes y después.
Al revés y al derecho.
Un ouróboro.

Paralelo es.
Un *ensō* de palabras.
Cabeza y cola.

Iguales se leen.
Letras en espejo son.
Ilusión doble.

Coincidencias par.
Inversos versos por ver.
Por significar.

Unión única.
Palíndromo gemelo.
Atrás se vuelve.

Al leer del revés.
Ahora el inicio.
Comienza aquí.

MENCIÓN DE HONOR

Dorothée León Cadenillas
Alemania

<u>ASÍ NOMÁS</u>

Asir el tiempo
irreflexivo con un
pincel mojado.

Sin término sin
idea fija manan
letras que hablan.

Islas surgen con
palabras de colores
inesperados.

No me apuro
juego sumergido en
mundos extraños.

Oscilantes en
hilos de seda giran
versos y vuelan.

Mi voz palpita
ardientes labios tocan
lo indecible.

Andarín vago
en zigzag sin rimas sin
punto ni coma.

Sueño despierto
sin intentar salió un
breve siglema.

MENCIÓN DE HONOR

Débora Carrillo González
México

LUNA

Lustre esfera
pacífica y bella
tan deseada.

Única dama
ser de luz de mil perlas
brillante joya.

Nítido astro
testigo de lágrimas
testigo de amor.

Amiga mía
confidente nocturna
blanca creciente.

MENCIÓN DE HONOR

María Valentina Lazo
Venezuela

ANHELARTE

Apuro el paso
al lugar de la ausencia
para encontrarte.

Navego gris
ante dunas de angustia
sombras y miedos.

Horas estallan
en trozos de cristal
hacia los ojos.

El alma muere
a pies de la nostalgia
sin libertad.

Lucha la pena
en la ilusión; delirio
de tu recuerdo.

Aprietas hondo
la astilla tormentosa
de aquel adiós.

Rememorando
la futileza al llanto
clavado en ti.

Tragos hundidos
inmersos del abismo
en frías lunas.

Esperan fiel
la estela de ese umbral
al anhelarte.

MENCIÓN DE HONOR

Francisco Pagán Oliveras
Estados Unidos / Puerto Rico

MAR

Morí contigo
al final de las olas
en el ocaso.

Ahora sueño
hermosos arenales
vueltos neblina.

Rostros húmedos
pintando carcajadas
mientras regreso.

SIGLEMAS 575 DESTACADOS

Frances Ruiz Deliz
Puerto Rico

ENCIERRO

En este lugar
vuelan las mariposas
hacen tormentas.

Nubes que forman
las inverosímiles
formas divinas.

¿Cuántos porros ya
entraron al sistema?
Perdí la cuenta.

Inescapable.
El humo que inhalo
cubre mi cuarto.

Es el deseo
frustración poética
la responsable.

Repertorio son
las voces que me dicen
que continúe.

Racimos de vid
se vuelven agua de mar
ante mis ojos.

¿O son lágrimas
saladas? Pues la culpa
sigue huérfana.

Digna Sabaté
Argentina / Francia

HIEDRA

Habita el muro
y se adhiere a su piel
como un tatuaje.

Idilio absurdo
que su alma protege
y es su secreto.

En días de lluvia
se trepa por su cuerpo
y él la enamora.

Desde el rocío
la noche le regala
perfumes frescos.

Resiste al viento
que intenta seducirla
como un amante.

Ala extendida
que bajo el cielo aguarda
sus flores nuevas.

Daniela Osuna León
México

ALAS

Aprendí a soltar
librarme de los miedos.
Seguir al viento.

Libros abiertos
que guían mi camino
y me enseñan más.

Alcanzar sueños
alzar mis pies del suelo
oh, buena vida.

Seguir volando
y no temerle al cielo
soñar despierta.

Jesús Rivero
Venezuela

CARIBE

Conquistador
de la morada azul
es mi alegría.

Anchura y mar
con profunda cultura
y gentilicio.

Ribera y mezcla
de mi sangre latina
con aborigen.

Inolvidable
paraíso tropical
y combatiente.

Bendita zona
occidente costero
¡qué panorama!

Ese legado
que guarda los honores
en sus palmeras.

Celinette Moyet Vargas
Puerto Rico

NOCHES

Nosotros, los que
coleccionamos noches
en las ojeras.

Óyeme tú, la
del remedio de luna
¿lo viste pasar?

Centelleante en
el eco de tu sombra
pasó el verso.

Hoy ya no serán
ni mañana tampoco
podridos están.

Eran de azul
oscuro como ayer
lleno de pena.

Se amontonan
en su amontonamiento
y se olvidan.

José luis Salgado Natal
Puerto Rico

POEMA

Peca de furia
la historia del poeta
que parió versos.

Olvida el laudo
de un canto natimuerto
pero no el ritmo.

Escalonado
con la piel arrugada
que huyó del frío.

Muerde con rabia
las rimas vengativas
sin voz ni acento.

Arte que corre
con el talento a cuestas
cuando se inspira.

Álvaro Ortegón González
Colombia

GUERRA

Gana quien mata
goza quien ve morir
sufre quien muere.

Une el dolor
y quienes la aborrecen
gritan de miedo.

Enuncia el pérfido
un amor hacia el prójimo
y el odio triunfa.

Ríos de llanto
bañan mejillas pálidas
y en ojos mudos.

Roen la paz
las ratas de la guerra
por el poder.

Aves del cielo
sueltan sus ataúdes
niños han muerto.

Claudia Delgadillo Ramos
México

DESIERTO

Dunas de arena
sol que muerde la boca
viento de fuego.

Engulle ruido
gigante solitario.
¡Quédate quieto!

Sed en tus venas
que embriaga los sentidos
vid de la ausencia.

Idilio fugaz
de arena y agua
tiñen tus pieles.

Eterno, vivo
rincón donde tus almas
hablan al eco.

¡Ruge, gigante!
Calma los alborotos
con tu silencio.

Tumba de reyes
éxodo de Israel
vientre de cactus.

Oración vana
de almas que no se encuentran
por las arenas.

Berenice González Godínez
México

ESCRIBIR

Escribo lento
como si las palabras
fueran estrellas.

Sueño con ríos
que se vuelven poemas
canciones llanas.

¿Cómo saber
que escribir es condena
de soledad?

Rotura eterna
donde se anidan aves
con plumas frágiles.

Ideas rápidas
como disparos cósmicos
entre las llagas.

Busco respuestas
a través de los versos
con cuerdas huecas.

Intensa meta
sin certeza de vida
sin trazo visto.

Respiro mudo
grito desesperado
hecho entre libros.

—

Blanca S. Padilla
Estados Unidos

LA VEJEZ

La veo venir
al paso de los años
reloj del tiempo.

Avanza lenta
con ayes, con lamentos
cubre mi cuerpo.

Vejez que traes
deterioro neuronal
en mí divagar.

Edad de Oro
te llaman los poetas
escriben versos.

Jocosa vieja
cabellera de plata
con paso lento.

Eres, ahora
el bastón de mis sueños
mi sufrimiento.

Zagal que llora
mirando su imagen
en el espejo.

SIGLEMAS 575
SELECCIONADOS

Gabriela Ladrón de Guevara
México

BOSQUE

Bondad florece
multicolor escape
origen triunfa.

Oscuras almas
luciérnagas perdidas
vuelo visitan.

Suspiran niños
hadas carmesí ciñen
cuentan historias.

Quimeras brillan
frágil agua estrellada
comparte sombras.

Unión consuma
sacrosanta plegaria
vida renace.

Enciende luna
faro envuelve verdura
inunda todo.

Edwin Colón Pagán
Puerto Rico

ADN

Antepasados
anidan auras en las
almas genéticas.

Doble hélice
disemina las huellas
desde su *Génesis*.

Núcleo de luz
navega el *nanocosmos*
nace la vida.

Mario Gamboa Araya

Costa Rica

CUENTO DEL CARIBE

Cuentan ancestros:
Demonios invasores
venían del mar.

Una Iglesia
según el evangelio
de la conquista.

En carabelas
llegaron al Caribe
soltaron anclas.

Nos enseñaron
a tener fe en un Dios
y varios santos.

Temer a vivir
ahogados en llamas
eternamente.

Orar hincados
por nuestros semejantes
aunque nos violen.

Devotos somos
pero ya no de Sibü
sino de Jesús.

El mandamiento
de poner las mejillas
para el golpe.

La cruz a cuestas
hecha con la madera
de nuestra selva.

Cristobal Colón
colonial conquistador
colonizador.

Americana
mal nombraron la tierra
de Abya Yala.

Ritmo africano
al percutir el cuero
para el baile.

Inmenso jardín
danzas de guerra y paz
y mucho oro.

Besos salados
entre las cordilleras
del nuevo mundo.

El tercer mundo
donde nada, ni nadie
podrá salvarnos.

Celia Karina San Felipe
Estados Unidos

LAWYERS

Lucha y Armas
Escudo, Puerto y Yo
(el fiel servidor).

Asequible con
abogados de hoy, *pro
bono* veintidós.

Washington D.C.
(Ley, Orden... América)
con Artivistas.

Y demandante
(en aguas de Justicia)
su vida salva.

En hora buena
(Firmas y Feministas)
USA Amiga.

Respaldar que son
los Derechos Humanos
(los de titanio).

Son águilas con
pluma real y sello
(que responderán).

Luisa Betancur Vásquez
Colombia

ENCUENTRO

En el silencio
veo el calendario;
los días pasar.

Naufrago sola
entre recuerdos nulos;
no logro borrar...

Canto sin prisa
con el lagrimal seco
de tanto llorar.

Ubico fotos
lindas reminiscencias
recuerdo tu voz.

Enamorada
por completo del amor;
busco sonrisas...

Nutro tus cintas
me sustento del ayer;
de tu imagen.

Tartamudeo
al pensarte ausente
difusa estoy...

Retengo sueños
débiles hastaluegos;
espero verte.

Onírica luz
espero encontrarte;
solo amarte...

Marco Vallejo Valencia
México

CUERPO

Con energía
movimientos alegres
explosión real.

Unidad fuerte
de capacidad alta
con brillo sin par.

Excitación, caos
posible catástrofe
gran fragilidad.

Registro viejo
heridas por venir
un recuerdo, fin.

Posibilidad
mejora recta puntual
un desarrollo.

Omnipotencia
ser Dios, a tu manera
no detenerse.

Silvia Margoth Ruiz Moreno
Guatemala

PANDEMIA

Pandemia es
vaya desolación
¡pandemia es!

Atormentando
azotando al mundo
¿será castigo?

No debe serlo
acecha la muerte
casi enreda.

Dicha y vida
se apaga con el mal
¡incertidumbre!

Enraman dolor
lágrimas van rodando
¿se acabarán?

Muchas víctimas
sufre cada nación
¡como prisión!

Irrepetibles...
días de enfermos con
virus terrible.

¿Anonadados?
Amargaron la salud.
¿Hasta cuándo?

Juan Carlos Caraballo
Estados Unidos

AL MORIR

A solo horas
o tal vez unos meses
baño en sangre.

Libando mi ser
llenando sus entrañas
torrentes de sol.

Me sabe a luz
me seduce en su vergel
suena la trompa.

Oran las voces
Abba me ha mirado
debo responder.

Rondan siluetas
familiares presencias
en prisma sutil.

Ignota su piel
caricias indelebles
que marcan el fin.

Resplandeciente
como mi blanco corcel
a solo horas.

Juan Fran Núñez Parreño
España

MUJER

Maravilloso
y único ser humano
regala vida.

Una sublime
obra de arte creada
para quererla.

Jardín eterno
sus abrazos y besos
son celestiales.

Es hija, madre
hermana, compañera
mujer y diosa.

Reina perpetua
amorosa corona
de luz su trono.

Claudia Mosquera Uribe
Venezuela

CONJURO

Cuchillos caen
mientras nombras la verdad
cabalística.

Oración en la
sombra, frente a la luz
de una vela.

Nos metemos en
la boca el singular
enigma clave.

Juego de frases
para alquilar sueños
y crear magia.

Una vibración
atraviesa portales
inmaculados.

Rompe barreras
condenas autoimpuestas
cadalso fugaz.

Olvidamos un
instante la garganta
guillotinada.

Aldo Renato Guardatti

Argentina

SECRETO

Solo nosotros
sabemos lo inconfeso.
Sensuales actos.

Ecos sin tiempo
eternidad de goce
en nuestras almas.

Callar la gloria
concretada por ambos
crear lo sublime.

Redimirnos, pues
rozando nuestras pieles.
Rubor íntimo.

Elixir de amor
entre tu piel y mi piel.
Éxtasis total.

Tiernas caricias
tiritando en mis dedos
temblando por ti.

Ocultos tú y yo
orfebres de gemidos
obnubilados.

Luis Alfonso Medrano
Chile / Venezuela

ABEJAS

Aleteando
entre flores del jardín
aportan vida.

Buscan el néctar
endulzan amarguras
produciendo miel.

Entre obreras
zánganos y la reina
de la colmena.

Juntan esfuerzos
en común objetivo
por bien de todos.

Así, con ellas
la natura nos muestra
qué es armonía.

Solo compartir
nos permitirá tener
paz y alegría.

Victoria Morrison
Chile

HOMBRE DE SELVA

Hombre de selva
alimentas la tribu
corres descalzo.

Observo tu piel
sudorosa, brillante
hueles a humo.

Me observas cantar
a la luna invoco
antepasados.

Brebaje negro
cocimiento de árbol
tejo collares.

Ronca la selva
serpiente y águila
estoy a salvo.

Entre tus brazos
acaricio tu pelo
indio amado.

Destello fugas
rogamos un deseo
—no separarnos—.

Enamorada
recolecto madera
haces un bote.

Sagrada selva
nos brindas agua, fuego
hogar de barro.

Erupción somos
desnudos y amantes
salvaje mío.

Lobo hambriento
me bautizas pájara
alas brillantes.

Vida y muerte
se vive en la selva
canta el árbol.

Acurrúcame
en la hamaca de hilo
cierra los ojos.

Enmanuel David III Colmenares
Venezuela

ZEN SER

Zurzo silencio
medito como loto
en la alegría.

Entonces muto
desde el instante soplo
hasta lo eterno.

Nirvana calma
me asombra lo visible
y lo invisible.

Selladas nubes
mis encerrados ojos
son mi despertar.

Es como mirar
imágenes que se van
también regresan.

Respiro todo
mi mesura camina
por todas partes.

Aura Tampoa Lizardo
México / Venezuela

MORIR DURANTE UN APAGÓN

Mostramos la fe
caminando a ciegas.
Mandato voraz.

Otro ataque
directo al corazón
duelen las voces.

Reniego de mí
por declinar el brillo
del relámpago.

Ingiero tramal
como copas de vino
cierro el túnel.

Ruego más tiempo
escarbo asistencia
día y noche.

Deterioro, sí
un desgarro más otro
un goteo, tic.

Un zumbido, ah
la falta de aire, uhm
un elefante.

Rosado jardín
posa su rostro sobre
el pecho, lento.

Abre la puerta
llega la abuela, busca
la *disolutio.*

Nada detiene
el curso natural de
la vida, su fin.

Tú también serás
invitada, guiada
en su momento.

El elefante
tiembla por la luz, llora
le falta aire.

Una falla más
se va el oxígeno
llega la noche.

No se detiene
la desidia nos mata.
La oscuridad.

Apaga vidas
la migración nos rompe
nos roba el sol.

Pisamos firme
trazamos desarraigos.
Somos desgracia.

Abrazo tu voz
no habrá más llamadas
esta convulsión.

Guadaña, pulso
el índice al cielo
marca la ruta.

Órbitas ríes
y te vas, con tu madre.
El elefante.

Niegas el peso
atraviesas la selva
la telaraña.

Almina Muñoz Cedeño
Puerto Rico

FELICIDAD

Fuerza real que
es necesaria para
convivir en paz.

Es importante
tener la autoestima
muy positiva.

Luchar y lograr
la confraternización
con las personas.

Ideal para
encontrar tu bienestar
en el entorno.

Camino para
conocer emociones
en tu persona.

Indispensable
para poder servirle
al semejante.

Da tranquilidad
y ayuda a la salud
de tu corazón.

Apreciar lo que
tienes y valorarlo
correctamente.

Día tras día
transmitirla con mucha
fe y paciencia.

María del Rosal Villalpando
México

IRA

Irritación cruel
se apodera de mí
desgarramiento.

Recelo agrio
conciencia enemiga
nefasto hacer.

Acometida
veloz agravamiento
discernimiento.

Edgar Yañez Arguelles
México

SOY

Solsticio blanco
de noche y de día
risa con llanto.

Ocaso negro
de odio irracional
sin alas blancas.

Yo soy amor de
rosas claras lunares
brillante solar.

Irma Lozano Ramírez
México

CARICIAS

Caracol hueco
la playa solitaria
amargo fruto.

Arrecifes son
cadera en movimiento
salado vaivén.

Raíz de coral
jardines del deseo
tus manos suaves.

Incierto beso
tus tibios labios juegan
desafiantes son.

Cuando te vienes
en cada golpe de olas
moldeas la piel.

Intensidad fue
la noche entre azahares
soplo de luna.

Aroma a nardos
la púrpura amapola
estremecida.

Sensación de ayer
en la ausencia del ahora
el lecho frío.

Therion De Loera Bautista
México

FRÍO

Feroz mordida
un gélido apetito
buscando calor.

Rompe calidez
absorbe luz de vida
seca retoño.

Inmortal ente
destino material
eterna quietud.

Oscuro final
la quietud eterna
te esperará.

Mariana Alcázar Huaracha
México

ÁMBAR

Afable cuerpo
vestigio verdadero
jaula de vida.

Miel sagrada
tú que inmortalizas
fosilizando.

Bucle de tiempo
lágrimas de árboles
que en ti guardas.

Antiguas vidas
majestuoso lugar de
musgo y planta.

Resina bella
tú que guardas historias
cuéntame alguna.

Héctor Antonio Silva
Venezuela

REFUGIO

Remar hacia ti
exculpa mis fantasmas
dándome calma.

Encuentro la luz
enarbolo bandera
siembro las anclas.

Frente al miedo
abrazo tu aliento
respiro tu voz.

Un solo norte
hacia puerto seguro
busca mi alma.

Gracias por tatuar
certeza en mi mente
fiel a tu razón.

Imán conductor
mi escudo protector
fuerza de atracción.

Oración febril
comunión en tus brazos
resguardo gentil.

María del Pilar Reyes

Estados Unidos / Puerto Rico

MUJER

Musa divina;
liberada y cautiva.
Dulce nodriza.

Ulula en partos
para parir dolientes
tu útero y vientre.

Jerarca en su hogar;
madre para sus críos
en ti me inspiro.

Enternecida
en tu seno das amor
regalas vida.

Rosa del jardín
que Dios sembró; es única
principio... sin fin.

Edwin Gaona Salinas
Ecuador

DIOS

Dadme la diana
las luces del oriente
con joven alba...

Ilusas sedas
en nubes de verano
para el cariño.

Otro destino
para volver al día
después de muerto.

Solo rebósame
con paz y eterna letra
de poesía.

Samuel Ortega Barajas
México

MARISOL

Mirar el alba
danzando y riendo
ternura veloz.

Antes de salir
fija el objetivo
solo ser mejor.

Rápida luna
suave alboroto
ciñe corazón.

Inunda la vid
con un paso solemne
de fe y valor.

Sol de magia
silueta alegre
notas constantes.

Ostenta brillar
hasta el dulce dormir
sus dos estrellas.

Luna se cierne
apega al reflejo
baila la calma.

Carmen Benavides Morales
Colombia

LIBRO

Luz y misterio
condensan tus páginas
sueños alados.

Ilustras vidas
das calma a los hombres
o les das poder.

Besas los ojos
acaricias las manos
llenas el alma.

Revives tiempos
arcanos difíciles
historias de amor.

O nos llevas por
caminos delirantes
abismos sin fin.

Luccia Reverón
Puerto Rico

MELODÍA

Música suena
en mis oídos viejos
alegra mi alma.

Escucho voz
con claridad sonora
amor, me cantas.

Lejos de todo
fluye lenta, sin prisa
la melodía.

Ópera limpia
me trastorna, me inquieta
gritar quisiera.

Dejamos todo
en una pausa queda
tu dulce ritmo.

Interminable
soledad, son mis noches
sin nuestro canto.

Alas del viento
melodías opacan
susurro, nada.

Gustavo López
Chile

LÍMITE

Las horas pasan
sin cesar, sin piedad
sobre mi piel.

Ímpetu de hoy
recuerdos de un ayer
en la soledad.

Míseras horas
limitan en los tic-tac
la respiración.

Ilusión fugaz
vida, amor, deseo
la muerte mira.

Tiempo límite
del tiempo al destiempo
la nada tiempo.

Escribo, pienso
y pienso sin límites
en el destiempo.

María Cristina Wormull Chiorrini
Chile

CARNÍVORA

Coger el tiempo
con los dientes el rabo
estrujar el día.

Abrir los labios
entresacar la lengua
lamer el vino.

Roer el nabo
almendras y pimienta
paladear el mal.

Ninfa caníbal
hambrienta de tus huesos
liba el sudor.

Ígnea belleza
mitológica diosa
dueña del hambre.

Velo de carne
entre sus finas piernas
cubre el adiós.

Otear el viento
entre sauces y alhelíes
morder las moras.

Rasgar la tela
diseñar un vestido
rojo como tú.

Amar el tiempo
con fuerza carnívora
entre tus brazos.

—

Esmeralda García
México

MUJER

Mujer, ¡soy mujer!
el principio de vida
nace de mi ser.

Un sexo "débil"
única heredera
de las ancestras.

Jazmines blancos
y sueños truncados
¿es mi destino?

Encrucijada
ser mujer y ser madre
lucha y deber.

Rendida jamás.
¡Resiste, amazona!
Siempre triunfarás.

Antonio Daniel Farina
Argentina

VERITAS

Virtud tan blanca
que lastima la vista
de quien engaña.

Espejo propio
orgulloso se mira;
el que no miente.

Raro es el valor
de piadosa mentira;
siempre da un dolor.

Inmoral mentir;
solamente la verdad
te da bienestar.

Trata con verdad
a todos los que amas;
o los perderás.

Ante la verdad;
lo mejor es confirmar
una mentira.

Si alguien la calla;
está sacrificando
a cualquier verdad.

Madeline Santos Zapata
Puerto Rico

HOY

Hilos dorados
iluminan mi templo
al amanecer.

¡Oda a la Vida!
Recita el coro alegre
de dulces trinos.

Yace en mis labios
el laudo mañanero
¡yo persistiré!

Evelyn Ortiz Avilés
Puerto Rico

LEJANÍA

Lento llega a
mi mente el recuerdo
de tus suspiros.

Envueltos en tu
tierna inocencia que
me enloquece.

Jugueteando
voy con tu figura al
compás del amor.

A veces feroz
y otras insaciable
así la pasión.

Nunca pensé que
como náufrago en el
mar me perdería.

Inevitable
te llevo en mi mente
de noche y día.

Alargada la
espera, tu llegada
encuentro final.

Joshua Serrano Maclara
Puerto Rico

ANSIEDAD

Anticipación
la locura, soledad
alucinando.

Negatividad
tristeza, profundidad
que me ahoga.

Silencio sordo
me mira y no habla
castigándome.

Inutilidad
recurre, pensamiento
ser ilógico.

Estabilidad
inexistencia sin par
parar de sufrir.

Desapareces
regresas asfixiante
atacándome.

Antipatía
irreverentemente
desagradable.

Depresión, dudas
preguntas sin respuestas
no soy culpable.

———

María Patricia Fong Peñuñuri
México

LUZ

Luna de plata
iluminas la noche
con elegancia.

Umbral perfecto
luminiscencia bella
aurora norea.

Zafiro fulgor
halo espectacular
resplandor fugaz.

Silvia Gallardo Sánchez
México

VIDA

Vid milagrosa
que corre por mis venas
aire bendito.

Ícono vital
diversidad latente
de emociones.

Docta realidad
tránsito momentáneo
perecedero.

Aleluya va
mis instantes transitan
gloria a mi alma.

Irene Bosch
Estados Unidos

LOVE (III)

Longitudinal
tiempo que nada cambia.
No hay progreso.

Ojos pintados
prohibido comienzo
transexualidad.

Valor perdido
agrio y sin lágrimas
esconden cuerpos.

Enamorado
asustado, huyendo
das besos rotos.

Noemí Rubiano
Argentina

TIERRA

Tienes riquezas
tesoros escondidos
¡oh, qué portento!

Indiferencia
es solo lo que encuentras
cuando reclamas.

Entristecida
aun así, continúas
con esperanza.

Ríes y lloras
con los rayos del sol
que te rodean.

Rosa fragante
para los que comprenden
y te defienden.

Amado suelo
me postro avergonzado
perdón te pido.

Henri García Durán
Venezuela

LA DIÁSPORA

Lejos, muy lejos
volaron los turpiales
buscando nido.

Afuera, allá...
Está otro refugio
su nuevo hogar.

Días de frío
aves despavoridas
cuerpos frágiles.

Intenso viaje
hasta tocar el cielo
y la libertad.

Abandonadas
en los ramales secos
desprotegidas.

Sangran sus alas
al caer por el vacío
almas heridas.

Pájaros sin voz
regresen a su tierra
canten de nuevo.

Olas violentas
X cielo y X tierra
cercan sus sueños.

—

Revolotean...
los *Icterus icterus*
en su destierro.

Alpes de miedo
disgregan las bandadas
por la diáspora.

Ilsa López-Vallés
Puerto Rico

CAMINOS

Cojo caminos
conducentes a vías
que marcan huellas.

Alcanzo metas
arribo a mi destino
futuro feliz.

Miro mi vida
pasado sin reproches
presente de luz.

Inesperados
los desvíos vividos
que me empoderan.

Nos edifican
para emprender retos
y moldear vidas.

Observo lustros
de vivencias variadas
que me componen.

Seguro que soy
obra del gran Creador
a Dios gracias doy.

Ana María Burgos Martínez
Puerto Rico

ESCLEROSIS MÚLTIPLE

Enfermedad
que quiere detenerme
no darme paz.

Siento tristeza
la nostalgia me embarga
prosigo en lucha.

Cada momento
mantengo la esperanza
viviendo al máximo.

Los días, largos
buscando los propósitos
para vivir.

Estoy de frente
porque no tengo miedo
soy fiel creyente.

Rezo en mi mente
Dios dame sanación
resignación.

Oro en silencio
ya no tengo temor
eres mi rey.

Siempre confiando
se haga tu voluntad.
¡Dichoso seas!

Incalculable
el deseo que siento
de caminar.

Si hoy me preguntan:
¿Qué pienso del futuro?
Contesto: Vida.

Muchas las veces
he llorado en secreto
solo en mi alcoba.

Urgencia siento
captar mi situación
aunque la acepto.

La lesión en
la vaina de mielina
ya no protege.

Todavía hoy
en combate guerrero
de pie ante el mal.

Invasión en
mi sistema nervioso
¡déjame ya!

Por el momento
me sostiene la fe
del creador.

Luminoso es
cada despertar en
consagración.

Eclipse de
mi aliento y de mi espíritu
convergen dentro.

Gloria Laureano García
Puerto Rico

YO

Y soy como tú
ser auténtico real
humano sagaz.

Otros como yo
en el universo hay
esparzamos paz.

Romina Nuñez Rojas

Perú

AGUA

A Sedapal
dedico este siglema
y malestar.

Gente que teme
tu huida sin aviso
y sin retorno.

Unos que quieren
bañarse y lavar platos
pero no pueden.

¿Acaso temes
de la zona que vengo
y solo corres?

Silvia Gabriela Vázquez
Argentina

IKIGAI

Ilusionado
construyó su castillo
una mañana.

Kilos de arena
puertas y pasadizos
cinco balcones.

Indispensable
una princesa dentro
casi dormida.

Grandes los ojos
pequeñitas las manos
los pies descalzos.

Atardecía
y el príncipe seguía
sumando puentes.

Inquieta, ella
desarmó las paredes
salió a buscarlo...

Doménico Di Gregorio Rossi
Venezuela

PREJUICIO

Propensión tenaz
treta ruin cognitiva
corazón terco.

Redondo juicio
luz matada en farol
civilización.

Enredo locuaz
ruda de intelecto
juicio *a priori*.

Justicia grata
enfermedad obtusa
muerta al nacer.

Ultrajante ir
ruda de intelecto
mina de error.

Intenso brío
cobija tu errata
penumbra tu fe.

Con tu afición
en usar el engaño
conforma clamor.

Iconoclasta
desfavoreces alzar
virtud ajena.

Otero plano
camina en el suelo
medid la cota.

Alejandra Viscaino Naranjo
Ecuador

TRAGEDIA

Templo lóbrego
tus sangrantes tejidos
borran mis huellas.

Ruegos perdidos
entre insultos, golpes
e hilos rotos.

Apedreada fui
por la feroz lascivia
en su zahúrda.

Grita el rencor
la culpa me escupe
la parca silba.

Entierro mi cruz
pero la desentierra
quien fui, la mártir.

¡Dios! Exime al
indulto del martillo
y del acero.

¿Inolvidable
es la pesadilla que
vive en mudez?

¡Amen y amén!
Rezos, perfume de fe
en mí renazcan.

Paloma Sabina
México

MUERTE

Magnificente
creadora de terror
engulles almas.

Usurpadora
seductora negrura
falseas deidad.

Espeluznante
de labios inertes
aliento fatal.

Resucitada
en sombra y penumbra
triunfal emerges.

Terrorífica
silenciosa señora
empuñas la hoz.

Esquelética
silueta espectral
robas la vida.

Nitza M. Hernández López

Estados Unidos

MIEL

Manjar de besos
lo abraza libremente
en su colmena.

Inmenso vuelo
al néctar de sus labios
su miel de adentro.

Emprende ruta
entrega apasionada
su cuerpo entero.

Loba de noche
abeja mañanera
fértil dulzura.

Néstor Quadri
Argentina

EL DÍA DEL SOL

El sol naciente
busca amar a la luna
pero ella escapa.

Luce en el cielo
mientras bebe el rocío
de bellas flores.

Día se nubla
y se enojan con nubes
los girasoles.

Insiste el sol
y elude a blancas nubes
muy caprichosas.

Al mediodía
el sol besa en las rosas
a mariposas.

De luz solar
se enrojecen los campos
con amapolas.

En tarde hay nubes
y escondiéndose el sol
duerme la siesta.

Las nubes fugan
y despiertan al sol
cuando atardece.

Se cae el sol
y la tarde agoniza
entre las sombras.

Oscureciendo
el sol desaparece
en el ocaso.

La luna llega
y no quedan del sol
más que recuerdos.

Carlos Alberto de la Cruz Suárez
México

MARIMBA

Mística reina
de mi tierra morena
¡trino de gozo!

Alza el sonido
sobre la leve tierra
¡bantú, bantú!

Reina rural
folclórica guardiana
del sentimiento.

Inédita voz
de montaña silvestre
soplo canoro.

Mira a tus hijos
sonorizar las vértebras
de nuestra patria.

Bendice pues
con dulce melodía
la raza cósmica.

Abraza el ritmo
penetra el corazón
de la madera.

Óscar Abdiel Romero Salazar
Colombia

PERDEDOR

Por las esquinas
camina solitario
en la penumbra.

Entre licores
y promesas eternas
a cada sueño.

Ralentizando
todas las emociones
y los afectos.

Desperdiciando
el tic-tac de la vida
en los harapos.

Es como un faro
sin luz, entre la juma
y la resaca.

Desorientado
perdido en fantasías
en otros mundos.

Odia, recuerda
esos momentos bellos
de aquella infancia.

Rememorando
aquella mariposa
en la pradera.

Hansel Trinidad Mattos

Perú

ANSIA

A un paso de
perder la razón de ser
y enloquecer.

Nadie lo supo
en silencio padeció
y se desplomó.

Sin embargo, él
continuó su gran viaje
exhortándose.

Insistió con fe
moribundo prosiguió
exigiéndose.

Alguien fue a él
era Rosa, su madre
y prevaleció.

Gloria Elena Gutiérrez Ortiz
Colombia

<u>SOL</u>

Sol ilumina
la multitud cantaba
hoy es la fiesta.

¡Oh solar, sube
la primavera bella
ya veo las flores!

Lanzan trémulas
guirnaldas, vengan aquí...
¡La diosa flor luz!

Yarimar Marrero Rodríguez
Puerto Rico

VÉRTIGO

Violáceo cielo
cubría mi abismo
de soledades.

Entre dos aguas
se escondia mi ser
al encontrarte.

Resucitada
me sentí al verte en
aquella fiesta.

Te di mi alma
aunque no te conozco
haz lo que quieras.

Imaginando
tu voz cetrina y el
vértigo dulce.

Grité tu nombre
en mi éxtasis de luz
sicalíptico.

Otra vez estoy
soñando con volverme
a enamorar.

Ely G. Cruz
Puerto Rico

HOY

Hasta ayer eras
futuro por venir
¡expectación!

Obvia llegada
y te vuelves presente
¡actualidad!

Ya después te vas
covertido en pasado
¡cuán breve eres!

Verónica Amador Colón

Puerto Rico

VIVA

Vivir la vida
sin dolor en el alma
así, muy libre.

Iniciando ya
sin golpes ni lágrimas
¡empoderada!

Valórate más.
Ven caminando, riendo
¡a carcajadas!

Alza tus alas
busca tu horizonte
vuela muy lejos.

Domingo Hernández Varona
Estados Unidos

ORQUÍDEA

¡Oh! Orquídea
mi núbil Orquídea
mi Orquídea.

Ramillete que
embelesas mis días
con rito especial.

Quiebras mi sueño
me transportas en vilo
por rayos de luz.

Unces mi cuerpo
de fragancias eternas
y bebes mi voz.

Ilumina, y
viertes tus humedades
sobre mis pasos.

Desciendo, ando
y mis huellas musican
bajo tu nombre.

Espiga, lanza
enhiesta en el aire
pétalos, alas.

Alado canto
que rompe la nostalgia
tú, Orquídea...

Marcos Reyes Fuentes
Perú

GUERRA

Gastar la vida
en una bala oscura
comprando muerte.

Urdir futuros
como una llaga viva
sellar la boca.

Estar vacío
el alma en un abismo
hoyo en el viento.

Risa perdida
sueños en triste fuga
lágrimas mudas.

Razón silente
gobierno del imbécil
sin esperanza.

¿Acaso vale
vivir teniendo miedo?
...Vivir la muerte.

María Sandra Capobianco
Italia

ANSIEDAD

Al despertar te
encuentro. El corazón
palpita fuerte.

No quiero oír
no se qué hacer. Lucho
me contradigo.

Siempre presente
desde chica siguiendo
sus instrucciones.

Intento salir...
No puedo negarme. ¡No!
El cambio urge.

El tiempo pasa
lo que antes valía
hoy me asfixia.

¿Dónde quiero ir?
Lejos... Donde pueda ser
y desconectar.

Allá, al son de
las olas. Dejarme ir
y muy, muy lejos.

Duérmete niña
ya la ansiedad se va...
Sabes qué hacer.

Marcos Penott Contreras

Venezuela

S.O.S.

Silba la noche
el llanto que entierra
propios reproches.

Otros recuerdan
a fuerza investida
la regla vital.

Solo existen
los lobos y ovejas
comer o morir.

Elizabeth Marcano López
Venezuela

CONFIANZA

Cerrar los ojos
reposar en sus brazos
cálidos, en paz.

Obrando en mí
esculpiendo todo mi
ser, guiándome.

Nido cálido
donde poder descansar
y sosegarse.

Finito dolor
aumenta la calma
en la morada.

Infinita su
magnificencia... Ángel
que siempre me guía.

Amainar... ¡No!
Puedo estar confiada
un ángel guía.

No me dejará
sola, lo siento aquí.
Su presencia está.

Zambullirme en
la profundidad de la
vida, tranquila.

Acompañada
siempre estaré con él
angelito mío.

Aida Díaz Díaz
Puerto Rico

EMPATÍA

Encuentro, ser
un corazón sincero
humanizar.

Mientras vivas
riega y espárcela
con gran pasión.

Paz, sentimiento
un mundo liberado
de estereotipos.

Algarabía
nuevos amaneceres
racionamientos.

Transformaciones
miradas abiertas van
forjando la paz.

Ímpetu, ser
respeto, intimidad
integridad.

Alma adorada
con ojos irradiando
la esperanza.

Rosario Díaz Ramírez
Perú

VAMPIRO

Vuela de noche
oculto cuelga de pie
en los árboles.

Amanece sol
quieto él duerme siempre
va solitario.

Música vibra
ante la noche fresca
lame su pata.

Pernocta luna
sus ojos brillan plata
en la gran noche.

Imaginación
es su mente por sangre
juega destella.

Rama del árbol
es su casa del bosque
despierto mira.

Olfatea la sal
sin miedo en paz salta
desaparece.

Miguel Beltrán
Puerto Rico

MUJER

Muévete y lucha
alzando tu antorcha
voz redentora.

Unidas irán
al altar de la Patria
justicia y verdad.

Jamás doblegues
por sátrapas, batracios
en hombría heridos.

Eres portento
que mantienes esencia
creación de Dios.

Rezo de amor
con justicia sagrada
tendrás salvación.

María Elena Salinas Cortina
Puerto Rico / España

¡OJALÁ!

¡Ojalá que sí!
Te vengan buenos años.
Cumplas tus sueños.

Juventud sana
llena de ilusiones.
Caminos nuevos.

Amores puros
platónicos a veces
otros eternos.

¡Libre, valiente!
Pasea por el mundo
pisando fuerte.

¡Ánimo, hija!
Consigue tu estrella.
¡Ojalá que sí!

Cristina Godoy Martínez

OLVIDO

Oír silencio
la mirada perdida
misterio mental.

Llanto del alma
es camino incierto
con oscuridad.

Vida sin sueños
transcurriendo sin rumbo
mirada sin luz.

Invierno sin fin
sin las risas pasadas
mundo sin nada.

Danza sin nombre
y que nadie escucha
triste soledad.

Oscuros días
brillo del azul cielo
que nunca verán.

Yariel Figueroa Vega
Puerto Rico

SINTIGO

Siempre de espalda
con la frente borrosa
y piel marchita.

Inicias cantos
que me susurran y se
van por el viento.

No comprendo si
quererte nos hace bien
o me hace mal.

Trago palabras
que se sumergen en el
llanto de mi ser.

Invades mares
también mis sentimientos
como trofeos.

Grito "te quiero"
pero me respondes con
muchos silencios.

Olvido decir
que quedar contigo es
vivir sintigo.

Edith Román
México

MADRE

Mirada dulce
que conjuga su amor
tierno refugio.

Abrigo cálido
que guarda mil secretos
para sus hijos.

Días de gloria
de batallas ganadas
y de derrotas.

Río que mana
un caudal de proezas
caricias nuevas.

Eres misterio
de mil flores fragantes
divino ser.

Miguel Angel Real
Francia

TROPISMO

Tardan semillas
en alcanzar el cielo:
lección de espera.

Risa que es tiempo
tu sonido se graba
en el recuerdo.

Olvido a veces
objetivo en los días
negros de invierno.

Pauta en el poema.
Caminar mientras buscas
más universos.

¿Ir a la cumbre?
En los valles tranquilos
mi yo despierta.

Surgen palabras
definiéndolo todo:
verbo es esencia.

Moverse es luz
desgarrar la ignorancia
buscar sentido.

Origen cierto:
entre tierra y más tierra
tu ser sereno.

Marcela Beatriz Viotti
Argentina

GUERRA

Guarida dentro
aguardan en silencio
el bombardeo.

Un desolado
desamparo los une
deshumaniza.

En un instante
viendo entre tinieblas
imploran la paz.

Ruego de parar.
Convertirse en nada;
armas no mandar.

Rompen en llanto
años sin escucharlos
solo matarlos.

Acuerdo de paz
imperioso es lograr.
Líderes, llegar.

Noel León Rodríguez
Cuba

ARBOLADO

Anonadado
del campestre retiro
tus fundamentos.

Respiraciones
discurren por el monte
de paso fuerte.

Buenaventura
por la faz de la tierra
encanecida.

Oxigenadas
hojas que lanzan vidas
al medio ambiente.

Leña prensada
sobre una arquitectura
de paño verde.

Amarísima
sombra, del ser humano
en derrotero.

Dedos fexibles
que se doblan al paso
como en respeto.

Organizados
se multiplican todos
para salvarnos.

Mosheh Fruchter Kogan
Puerto Rico

Y... Y... Y...

Yo estoy senil
lo repito y repito
hasta cansarme.

Yo estoy senil
lo repito y repito
hasta cansarme.

Yo estoy senil
lo repito y repito
hasta cansarme.

Virginia María Amado
Argentina

FRAN

Festón de cielo.
En apretado abrazo
das luz al alma.

Ríes y cantas
me regresas al centro
la felicidad.

Ávida entrega
del amor en sonata.
Colmas la espera.

Nombre adorado
intangible cariño
das la alegría.

Tania Mauri Macareño
Perú / Venezuela

LAMENTO

Lágrimas ya frías
llora el cielo triste
verbo perdido.

Amanecerá
la piel va escaldada
verde mortaja.

Marca el reloj
el sonido crítico
muerta soledad.

Eco constante
la voz distante futil
cruel añoranza.

Nívea la luna
castigo de amantes
maldición versa.

Trazos de lirios
flor de muertos ídolos
acusé jardín.

Ocaso sueña
amor, estertor y yo
loca perdida.

Fernando Barba Hermosillo
México

POSIBLE

Pausa forzada
lejos, guardar distancia
cerca, pantallas.

Oportunidad
¿pospuesta o perdida?
Nunca sabremos.

Siguiente nivel
triunfo del egoísmo
larga espera.

Insurgente soy
otro mundo posible
no separados.

Burlar sistema
para cambiar las reglas
cambiar de juego.

Los que quedamos
salir del pandemonio
ser más humanos.

Estamos por ver
que volver no podremos.
Somos normales.

María Pedraza
Estados Unidos

SOLA

Soltera estoy
me acostumbré así
a estar sola.

Olvidándome
de tener compromiso
yo y nadie más.

Libre me siento
sin prohibición alguna
donde quiero voy.

Animo mi ser
con música y arte
y vivo en paz.

Leonardo Escalante Méndez
República Dominicana

NEGRO

Ni el látigo
esclavizarte pudo
gran trabajador.

Eslabón roto
de tus cadenas duras
ya oxidadas.

Grato trigueño
de azúcar morena
sol y cazabe.

Resiliente
prieto y fuerte
lleno de vigor.

Osado color
calor del cañaveral
que hace sudar.

Porfirio Flores Vázquez
México

UCRANIA

Unamos nuestras
plegarias en himnos de
paz y concordia.

Catastrófico
planeta dejaremos
pobre herencia.

Radicaliza
la paz, no la guerra y
revierte el hoy.

Avancemos, no
claudiquemos, somos más
deseando la paz.

Nunca dispares
hermano, humanidad
une al hombre.

Incendiemos de
amor campos de guerra
abraza razón.

Ahora, porque
el fuego nuclear, todo
lo extinguirá.

Ana Delgado Ramos
Puerto Rico

ESCRIBIR

Es muy sublime
expresar solo en versos
el sentimiento.

Sacar del alma
todo lo que lastima
y lo que pesa.

Cuidando al ser
de caer en desgracia
las penas pasan.

Regando risas
borrando las tristezas
con cada verso.

Incrédula fui
de la fuerza del verso
para mi alma.

Bálsamo suave
al espíritu entra
sanando todo.

Irresistible
incontrolable siempre
la paz sí llega.

Riqueza grande
complemento que crea
la vida plena.

María Zully Bautista
Uruguay

INMIGRANTES

Ilusión plena
infortunio de vida
liberar pronto.

Niño indefenso
carga en su espalda joven
madre morena.

Mares enfrenta
con sus brazos vacíos
un padre llora.

Intentan cruzar
mil fronteras nadando.
Supervivientes.

Grito de ayuda
mojado o seco libra
no se oye su eco.

Rutas insanas
filas humanas viajan
sin rumbo fijo.

Amparo claman
son hermanos de todos
y de ninguno.

Nadan exhaustos
o vienen en pateras
sueñan dignidad.

Triste memoria.
Abandonan familia
buscan consuelo.

Esperanzada
población desplazada
de sus hogares.

Solidaridad
por igualdad y equidad
global salvación.

Cándida Negrón
Puerto Rico

VIOLENCIA

Viví contigo
ignorante del daño
que fuiste en mí.

Ir por la vida
dejando atrás la paz
pasando dolor.

Obligada fui
viva pero muriendo
no era vida.

Lento caminar
detrás de mis sueños
llegaré por fin.

Eres recuerdo
vete, no te quiero más
te puedes marchar.

No hay un lugar
para ti en mi vida
lejos puedes ir.

Caminando voy
ya hacia mi libertad
nunca volveré.

Insufrible vas
yo buscaré mi paz ya
te dejo con él.

Ahora soy yo
mariposa bien fiel
niña interior.

Willan Castillo Briceño
Perú

SIGLEMA

Significado:
arte minimalista
bello poema.

Ingenioso *tip*:
cinco siete cinco, con
el tema libre.

Genialidades
para versar belleza.
Escritos cortos.

Letra. Métrica.
Tres líneas rítmicas
estrofa versal.

Exquisita y
fina proposición de
Patricia S. R.

Mas, dice ella:
«Todo se originó...
reduce a un (.)»

Acrónimo y
título mayúsculo:
nuevo poema.

Yuray Tolentino Hevia
Cuba

PAZ

Paloma vuela
tuyo es el cielo libre.
Arcoíris de luz.

Aunque las balas
te eclipsen las sonrisas
levanta la voz.

Zarpa en tus naves
enfrenta los tiranos.
Muere peleando.

Nasya Román García
México

SOMOS

Soy mis ojos en
el reflejo de tu voz
parece atroz.

O puedo ser tu
mirada en la mía y
así al día.

Mariposas que
se mueven en mí como
cuatro serpientes.

Oportuno es
abrazarte en labios
decir te amo.

Siento cariño
cuando toco tu mano
tu labio muerdo.

Alcides Ramón Meléndez
Estados Unidos / Venezuela

TERNURA

Tersa y sutil
como tez de princesa
perlado nácar.

Esmeraldada
ambarina lisura
brisa matinal.

Remanso solaz
idílico rescoldo
arroyo calmo.

Nenúfar, flores
guirnalda de ofrendas
y prez celestial.

Ungida pasión
de cándido arcángel
voz angelical.

Rasgar de lira
notas de inspiración
eres ternura.

Amor dulzura
siempre serás belleza
¡casta ternura!

Leonor Riveros Herrera
Colombia

GOTA

Grano de arena
gitana del cielo.
Eso pareces.

Oro en hilillo
precipitas frescura
vienes a verme.

Tras la ventana
me miras transparente
húmeda y fría.

Aunque resbales
tu escalofrío en mi piel
es delicioso.

Grace M. Bosques Soto
Puerto Rico

SOLEDAD

Serena, sutil.
Aprendí a mirarte
a valorarte.

Óleo de flor
pintado en mi alma
creces y yaces.

Libre a veces
sumisa en ocasión.
Llena de poder.

Eres éxtasis
gran placer para mi ser
oportunista.

Dueña de trances
mis tristes circunstancias
y pensamientos.

A gusto estoy
contigo en mi vida
sensación pura.

De ti, soledad
quiero ser parte siempre
mi complicidad.

María Antonieta Elvira Valdés
España / Venezuela

SILENCIO

Serenidad que
se palpa y añora
en el bullicio.

Imagen muda
de mi pensamiento, que
brama y grita.

La música se
viste contigo, como
alma bipolar.

El ruido chilla
te dispara a matar
y sin compasión.

Nunca más una
respuesta salió así
tan contundente.

Calvario del que
sufre, teme y huye
de estar solo.

Intento oír
te llamo, te odio y
te necesito.

Ocultas tu ser
en mi mundo y así
yo te espero.

Luz Betancur Posada
Chile

VOCES

Vienen a todos
recuerdos ancestrales.
Estelas de fe.

Olvido del Ser.
El alma se despierta
confianza viva.

Cielo que clama.
Comunidad unida
todo empieza.

Epifanías
que moran en silencio.
Aguardan por ti.

Sí, a las voces
sagrada honestidad.
Ofrenda de paz.

Carmen Estrada Collazo
Estados Unidos

ANOMALÍA

Actuando estoy
cautiva de mis sueños
me enloquecen.

No entenderás
busco en ti respuestas
temblando estoy.

Olvido todo
nunca fuiste, ni serás
amor eterno.

Más tú no miras
la inmensa ternura
que guardo en mí.

Ancla de amor
que no me deja mover
suelto el timón.

Luchando siempre
repaso tu maltrato
me desconecto.

Imagen falsa
la borro de mis sueños
eres infierno.

Ahora vivo
sonrío nuevamente
dejo de soñar.

Adriana Silva
Puerto Rico

LLAGA

Limpió su rostro
con sal de vinagre y
gasas de guata.

Lavó sus piernas
antes que la gangrena
su piel devore.

Amarró a mieles
sus heridas de cuna
que cantan solas.

Ganancia no hay
en este gran oficio
hay mucho menos...

Ayuda de
parte de un mal sistema
que ver no quiere.

Rodolfo Payán Hernández

Estados Unidos

RUTA

Runas del tiempo
secretos escondidos
los amantes son.

Un trazo largo
en un camino recto
en busca de amor.

Trampas sin rostros
que por momentos llegan
para provocar.

Amor del bueno
que sortea los abismos
sobrevivirá.

Antonio Manzano
Venezuela

EL ASCENSO

Eres llamado
al cambio de tu traje
vístete de Luz.

La hora cero
eterna es tu gloria
tu nido nuevo.

Ave de fuego
carruaje de recuerdos
amor por siempre.

Sentidos nulos
surgen bellos destellos
así, sin miedos.

Cadenas rotas
se abren mil destinos
libertad plena.

Elévate ya
sin colores ni letras
cuánta pureza.

Nacer o morir
dos caras de la vida
trascendentales.

¡Sabiduría!
Cuánta mi alegría
imagen de piel.

Olimpo tuyo
mío, nuestro, de ellos
unidos somos.

Rubén Darío Portilla Barrera
Colombia

QUIZÁS

Quizás regreses
quizás sí o quizás no
yo te espero.

Un poquito más
y mi corazón por ti
se torna fiero.

Ironías quizás
ironías de la vida
en desespero.

Zarpa mi bongo
y boga en tus mares
¡dulce bonguero!

Al amanecer
quizás o tal vez veré
el sol que quiero.

Si no es así
quizás o tal vez, mujer
de pena muero.

Asunción Alcoceba Aparicio
España

CARICIA

Cada latido
nacido con el alba
es un abrazo.

Aliado trino
es la copla del pájaro
al mediodía.

Ronda la rama
un baile con el viento
entre las sombras.

Instinto tiene
el eco de las voces
rompiendo un grito.

Camina lento
el despertar del canto
cuando es rocío.

Instante incierto
las notas en el agua
caudal de sal.

Algarabía
la trémula mirada
al horizonte.

María Victoria Arce
Colombia

ARCOÍRIS

Almas al vuelo
fiesta en el infinito
un gran derroche.

Reflejo efímero
un brillo sin igual
entre las nubes.

Con tus colores
enamoras y encantas
halo de magia.

Obnubilados
pintores y poetas
por ti sus obras.

Irradias luz
energía vital
de inspiración.

Resplandecer
en deslumbrantes tonos
impresionantes.

Iridiscentes
hechiceros matices
la perfección.

Sutil paleta
belleza natural
caro regalo.

Luz del Carmen Arrese Pacherres
Perú

HUELLA DE ABRIL

Huella de abril
encubierto humedal
corteza viva.

Un anochecer
con el rojo sendero
desapareció.

Eres hoy temblor
imaginario roce
albo recuerdo.

Leve sonrojo
apagado ocaso
llevan mis ojos.

Luego del adiós
un eco de palabras
por los renglones.

Al trasluz de sol
dos almendros apenas
rozan el tiempo.

Dulces vástagos
simiente del paraíso
secreto vergel.

Espora seré
dispersa en tu tiempo
vivir adverso.

Algún corazón
dibuja mi sequía
quebrado árbol.

Breve granizo
aguanieve son vientos
quenas andinas.

Rezos místicos
divina acuarela
pétalos de piel.

Igual iría
tras tus pasos del ayer
cuando persiguen.

Las hojas muertas
al pie de tu olvido
siguen tendidas.

Masiel Corona Santos
Estados Unidos

LUNA

La madre de las
estrellas serpentea
en las alturas.

Une con su luz
magia, fuerza, sonido
fuego, su vientre.

Nombrar la noche
incendia el secreto
abrasa bocas.

Arrójate de
voz a cielo, de tierra
a luna abierta.

Pedro Arturo Menéndez García
Cuba

PANDEMIA

Pánico total
estamos atacados.
Coronavirus.

Amenazados
por todos los rincones.
Incertidumbre.

Nada te salva
deberás protegerte
vacunándote.

Depende de ti
que estés protegido.
No lo rechaces.

Es importante
saber cuidar tu salud.
No te descuides.

Mide tus pasos
es el mejor remedio.
Salva tu vida.

Invitaremos
a que nos sigan todos.
Y habrá salud.

Anda sin parar
no mires nunca atrás.
Avanza firme.

Orlando Fernández
Estados Unidos

TERNURA

Tierra labrada
con el sudor del mortal
Dios compasivo.

El sol y el surco
luna menguante y llena
la vida y la paz.

Ronda el cultivo
la semilla, la especie
árbol de fruta.

Nace la aurora
traspasa el relámpago
lluvia de riesgo.

Urna de planta
de verdor, sueño y olor
espacio floral.

Rastro humano
desde tiempo lejano
voz del paraíso.

Amor al suelo
al hogar, a la cría
alma celestial.

Santiago Ernesto Müller
Argentina

SUAVE

Sobre los prados
dorando los trigales
se encuentra el sol.

Unos jazmines
avanzan con su sombra
hasta las rosas.

Abren sus alas
inquietos ruiseñores
sobre las flores.

Voces de niños
camino hacia la escuela
entre sonrisas.

Ella despierta
con aroma a mujer
sobre su piel.

Mary Ely Marrero-Pérez
Puerto Rico

DÁNZAME

Danza en mi ombligo
como amante furtivo
en juego lúdico.

Átame a pies
imperiosos que giran
a ritmos mágicos.

Nutre tus piernas
con la cadencia vívida
que a sorbos baila.

Zucemos claves
para nuestros pies límpidos...
Ven y tentémoslos.

Abraza el paso
de mi piel movediza
que se acelera.

Mueve tu cuerpo
al vaivén de mis pieles
bajo las sábanas.

El piso espera.
Dánzame en plié, en punta...
Hazme flotar.

Iván Parro Fernández
España

UCRANIA

Un gran mensaje
que a todos nos llama
debemos cumplir.

Con gran urgencia
Ucrania busca la paz
huyendo del mal.

Ramos de olivo
risas que ya son llantos.
Sufren los niños.

Almas que vuelan
corazón sin latido
sueños vacíos.

Nadie está libre
del poder de la muerte
cuando hay guerra.

Ideas viles
ilusiones robadas
futuros rotos.

Ahora y siempre
luchemos con palabras.
Que la paz llegue.

Luisa Cámere Quiroz

Perú / Estados Unidos

HERMANDAD

Halo sagrado
vínculo irrompible
eterna unión.

Entrelazados
con una misma sangre
sin distinciones.

Respeto mutuo
valores inculcados
de moralidad.

Miembros ligados
como una misma raíz
orgullo sin par.

Alianza coral
acunados por siempre
concierto sin fin.

Nuestro himnario
ya Dios proveerá siempre
con mucho fervor.

Diáfanas voces
unísonos cantares
universales.

Abracémonos
en un lazo bendito
hereditario.

Divino hilo
un cordón umbilical
inquebrantable.

Claudio Sanseverino
Argentina

MOZART

Miren al niño...
Clavicémbalo y viola
juguete y grillo.

Óigalo a Mozart
parace siempre fácil
la melodía.

Zona de gracia
el teclado es la escena
Wolfang, el mago.

A tu "Teófilo"
cambiaste en "Amadeus"
musicalmente.

¿Ríe aquel niño?
¿O el aplauso es el biombo
de la tristeza?

¡Tantos conciertos!
¡Tanto aplauso y pelucas
blancas, muy blancas!

Bella Martínez
Puerto Rico

GUERRERO

Gladiador
el que me ha cocinado
a fuego lento.

Unción pedimos
para esta unión pura
entre nosotros.

Erotizados
descubriéndonos, al fin
danzando en amor.

Rumiando el ayer
que ya no es vigente
lo desechamos.

Restaurándonos
nos amamos cual somos:
apasionados.

Exorcizados
cabalgamos al tiempo
orgasmos sin fin.

Reforestamos
el desierto que quedó
en el recuerdo.

Oportunidad
de por fin ser felices
tal como somos.

Carmen Concha-Nolte
Estados Unidos / Perú

Y SI VOY

Y a veces pierdo
pierdo la esperanza allí
al pensar por dos.

Si fui lejos, ven
con artilugios vanos
para amarte más.

Imaginarte es
romper la realidad
de un solo tramo.

Vivo rozando
los tramos gratos de amor
revuelta de ira.

Oigo que pierdo
traslúcida esperanza
para atar miedos.

Yo no he cambiado
el destino se irritó
por si voy y vuelvo.

Bertha Valencia Pereda
Perú

AMOR

Amor divino
palpita en mi alma
florece en mí.

Metas alcanzo
en todo horizonte
con vuelo audaz.

Otra dimensión
diviso con decisión
amado mío.

Rota la tierra
mágico torbellino
giro con ella.

Fátima Chávez Juárez
México

COLIBRÍ

Con tus alas vas
y vienes de la vida
y de más allá.

Obsidiana en tus
ojos y en tu figura
el jade ancestral.

Labrado por los
mayas, eres libertad
leyenda viva.

Iluminas con
tu vuelo el cielo, diurna
estrella fugaz.

Brillante y bella
ave más pequeña de
toda la creación.

Radiante como
el sol, como lucero
luz en comunión.

Ícono de la
resurrección, del amor
el mensajero.

María Gabriela Bracho Oropeza
Venezuela

MENTIRAS

Mientras yo veo
tu humilde sonrisa
sé que me mientes.

Engañas sin más
no hay remordimientos
te es muy fácil.

No es creíble
absolutamente no
pero te creo.

"Te pago pronto"
son tres y un "te amo"
nada más que dos.

Ingenuamente
caigo en tus palabras
pero yo lo sé.

Raro no lo es
yo no soy capaz de ver
no sé qué decir.

Así yo quiero
que me digas la verdad
pero me duele.

Solo miénteme.
Sé que nada es real
pero miénteme.

Santos Elías Alcántara Pizán
Perú

DOS SEXOS

Dulcifícame
en tu sexo sentido
en el cual pienso.

Otra vez giro
mi carne a tu lado
simplificado.

Siento que muero
si percibo el sabor
de tu gran dicha.

Somos dos surcos
extasiados de lluvia
sobre tu vientre.

Extraviado yo
en tu forma ardiente
de hondos lares.

Ximena Luna
tu entrega enhiesta
apasionada.

Obra excelsa
en tus senos festivos
mi dulce nido.

Será tu pudor
una ventana abierta
sin impudicia.

Federico Jiménez
México

OLA

Oleaje vivo
es tu canción veraz
la suave rimA.

Libre sonido
de revueltas palabras
que se abren al soL.

Algas y peces
acompañan tu vaivén:
vuelo mojadO.

Onésimo Torrez González
México

YIN YANG

Yace el principio
pasividad en tierra
entre obscuridad.

Ideas que fluyen
doncella de la vida
es complemento.

Nada es estasis
es inicio animado
es el tú, el yo.

Yacimiento soy
actividad celeste
mar de energía.

Amor/desamor
equilibrio y armonía
movimiento hoy.

Nada es siempre
la existencia es opuesta
y fuerza esencial.

Génesis de luz
equilibrio universal
energía vital.

Cynthia Vega Vázquez
Puerto Rico

NEGRA

Negra me siento.
Soy negra y soy tambor
música y voz.

Esencia viva
mis ritmos de África
gritan libertad.

Gracia y sabor
movimiento y sazón
eso tengo yo.

Ritmo negrista
que soy una negrita
con mucho sabor.

A mi libertad
canto hoy y por siempre
¡negra de verdad!

Aurea E. Beltrán Colón
Puerto Rico

NADIE

¡No pasa nada!
Hay un cuarto vacío.
Sin olor a ti.

Abro, camino.
Voy hacia el pasillo.
Oigo mi eco.

Dejo de pensar.
Me pongo a trabajar.
Suspiro, canto...

Invoco la Luz.
Y suena el celular.
"Mi hijo, ¿cómo están?".

"En la mudanza...".
"Y con casita nueva".
"Pensando en ti...".

Jaime A. Ramírez Ibarra
México

NOSTALGIA

Navego en la
zozobra de la aurora
divago en ti.

Observo cada
adagio como compás
que despertase.

Solo pautaré
mis desvelos nocturnos
en el dilema.

Taciturno me
deja este idilio
matizo tu yo.

Alzo la vista
mantengo el mañana
atado a mí.

Letargo diurno
manifiesto mi dejo
danzo lírico.

Gracia eterna
evocación tardía
iluso andar.

Incierta senda
paradigma lúdico
aludo a ti.

Añoranza soy
letargo de un adiós
sosiego quedo.

Maritza Nuez Díaz
Estados Unidos

ATLAS

Amén del tiempo
quedamos enfrascados
en los recuerdos.

Te recomiendo
hacer las paces antes
de la vejez.

La vida entera
se va corriendo cuando
no perdonamos.

Amemos más
vivamos en presente
no hay marcha atrás.

Sabes a ciencia
cierta que los errores
no son sentencia.

Analía Bodrero
Argentina

SOLEDAD

Silencio intenso
huyeron las historias
encadenadas.

Oigo los ecos
de dolientes palabras
negras y oscuras.

Loco destierro
sin brújula de guía
sin norte ni sur.

Ensimismada
sin ojos que me miren
ni tiempo aislado...

Desde mi abismo
espadas de rocío
hielan mi sangre.

A veces lloro
sola, sola y más sola...
Y ¡los acuso!

Donde se encuentren
erguida o inclinada
más resistiré.

Doris M. Irizarry Cruz
Puerto Rico

RÉQUIEM POR EL PLANETA

Reino aturdido
que has sido nuestro nido
hoy te desangras.

Eras un edén
y ahora te corrompen
nuestros deshechos.

Quizá la bestia
que andamos descifrando
está en nosotros.

U-na- a -u-na
convulsas y con furia
se abren tus venas.

Inflas tu vientre
de magma exorcizado
menstruando fuego.

¿Es que has perdido
en este invernadero
tu estrella polar?

Mas, quién escucha
si también hacia arriba
escupimos hiel.

Pobre humanidad
de colmillo afilado
y ojos de buitre.

Oseando sueños
te hemos desgarrado
pecho y entrañas.

Rota la ruta
del mundo que tuvimos
¿qué nos espera?

¿Enajenados
correr hacia el infierno
que construimos?

¿Leer los signos
que antes ignoramos
de qué nos vale?

Planeta herido
casa de los que vienen
¡cuánto me dueles!

Lame tus cauces
la famélica lluvia
en tu garganta.

¡A quién le pido
las canciones de cuna
de tus riachuelos!

Noble nodriza
si en la pira del bosque
arden tus brazos.

Enfurecidas
para curar tus llagas
rompen tus aguas.

Tierra abatida
estruendo en carne viva
¡qué te hemos hecho!

Arcángel de luz
guardián de la galaxia
perdónanos tú.

Francisco Javier Osorio Díaz
Venezuela

CÁNCER

Corroído estoy
por tu tedio salitre.
Mi vida secas.

¡Ángel de muerte!
Sin pétalos me dejas
poco a poco.

Nunca te sacias...
Profanas lentamente
mi frágil vivir.

Condensas mi ser
a un libro precario
que se desecha.

Errátil, gélida
sombría y surrealista
es tu presencia.

Rapaz de vidas
desátame del mástil
ansío naufragar...

Adriana Villavicencio Hernández

México

ANAMNESIS

Aún mis ojos
cerrados aparece
el sol encima.

No querer notar
todos esos *déja vú*
puros, tangibles.

Ahora sé que
regresé la historia
que yo negaba.

Meso mi alma
en los tiempos de clima
grillos y flores.

Naufrago hacia
dos líneas de tiempo
timbra el tic toc.

Este gran error
nube negra caótica
de mil vertientes.

Supe regresar
a la dermis terrestre
entre haz de luz.

Investigué e
interpreté destinos
me quebré, pero...

¿Sabré escapar
a los peligros de las
garras del cáncer?

José María González Marcos
España

HORAS QUE NO VES

Horas que vuelan
envueltas en festín
de dientes largos.

Ocres latentes
en mi tarde temprana
de caramelo.

Raudo se esconde
el reloj caprichoso
bajo tu beso.

Aún en tu vida
que ayer reía vívida
mi orgasmo loco.

Sombras oscuras
ocultan tu caricia
en mí perdida.

¡Qué ciega estás!
Las horas que yo tengo
no las verás.

Untan tu piel
con nostalgia heredada
de tu querer.

Esparcen gotas
de color carmesí
sobre mi piel.

¡No ves mi miedo!
Aúlla a la luna verde
en prado oscuro.

Otea calmo
campos yermos, vacíos.
Caricatura.

Vente aquí, cerca
donde mis ojos tristes
gritan desnudos.

Esconde, corre
donde mis horas negras
duermen tranquilas.

Solo tú puedes
besar mi negro lecho
amiga mía.

Daniel Bueno González

España

ADIÓS

Antes éramos
el reflejo del dolor
hecho realidad.

Desde que me fui
he aprendido a respirar
a cuidar de mí.

Índice roto
de un libro ya marchito.
Me olvido de ti.

Órbita nueva
en la que tejer sueños
y primaveras.

Serpientes de sal
y aguas mansas de licor
y felicidad.

José Antonio Pino Varens
Cuba

ALBATROS

Avanza y posa
su cansancio en la nube
que lo acomoda.

Lanza en picado
su hambre difusa. El pez
lo impulsa y sigue,

Barcos observa
como juguetes desde
su alto vuelo.

Alma emplumada
inspiración de hombres
desconocidos.

Tal vez encuentre
su hogar en una roca
lejos, muy lejos.

Resiste al viento
tiembla en la lluvia, sufre
plumas quebradas.

Oblación fuera
de intereses mezquinos
sencillez pura.

Serás espejo
de libertades. ¿Soy
como tú, libre?

Claudia Schaefer
Venezuela

FRÍO

Frecuentemente
mi corazón recuerda
nuestras andadas.

Rara ocasión
reímos o lloramos
en el camino.

Ir no fue venir.
El frío en nuestros rostros
delataría.

O acostumbrados
o simplemente ajenos
a nuestra verdad.

María Zamayoa
México

SOL

Sabes a oro
veterana lumbrera
que me sonríe.

Oferta gratis
que a la tierra doliente
brinda esperanza.

Letrero fiel
que anuncia un nuevo día.
¡Bésame, Sol!

Idis Parra Batista
Cuba

VERSO

Vívido elixir
surtidor de suspiros
que ahoga el grito.

En el humilde
y compasivo cáliz
de los poetas.

Rasga el silencio
con un haz de palabras
sin estridencias.

Suma y reflejo
del verbo que estremece
y cala al fondo.

Oleaje fiero
que en las playas del alma
se vuelve espuma.

Sandra Naffah
Alemania / Venezuela

VIVO

Volando lejos
intentando encontrar
un sueño real.

Ilusionada
de la monotonía
quiero escapar.

Vivir y llorar
sintiendo la libertad
¿es felicidad?

Oscuro no está
dopamina liberé
es eternidad.

Carmen Chinea Rodríguez
España

INCERTIDUMBRE

Intenso pesar
en las paredes grises
de esta calma.

No encontramos
el cartel de salida
es una trampa.

Certeza frágil
en senderos inciertos
deambulamos.

En mil desiertos
arenas movedizas
engullen la paz.

Risa ausente
en el temor constante
de guerras frías.

Tomas mi mano
intento sostenerte
aguantaremos.

Incredulidad
secretos subyacentes
que se delatan.

Dudas tenaces
que encienden los miedos
hieren y dañan.

Un corto instante
nos permitimos soñar
otra realidad.

Mas no acude
aquí la esperanza
se oscurece.

Burla tan cruel
a la inteligencia
y a la bondad.

Resistiremos
a la locura torpe
de hombres grises.

Emprenderemos
intrincados senderos
una vez más.

Virginia Díaz Sánchez
Puerto Rico

ELEGÍA

Es canto fúnebre
Ucrania. Por ti, el mundo
mi verso todo.

Lavan tus casas
del sudor y la sangre
de tantos muertos.

El alma gime
en la página blanca
mi pluma llora.

Gritan ¡Ucrania!
y el haz de versos blancos
que se desmaya.

Íntimo llanto
en Kiev, Járkov, Odesa
Ucrania nuestra.

Ay, pluma en sombra
completa mi faena
la copa apura.

Rosaura Tamayo Ochoa
México

FAMILIA

Famosa frase
primero la familia
después también.

Amor nos une
es llamado de sangre
y es sentimiento.

Mirar vivir
a nuestro descendiente
es trascender.

Imaginarnos
con nuestros mismos rasgos
te identifica.

Línea es pura
padres a nuestros hijos
genes se pasan.

Inicia el lazo
un crecimiento fuerte
de toda vida.

Anhelo mutuo
perdura el apellido
se nos define.

Carmen Teresa García-Ocasio
Puerto Rico

PAZ

Paloma blanca
que surcas en el cielo
dame sosiego.

Arde en mi ser
la quietud y silencio
que siempre busqué.

Zumba mi alma
de mí no escaparás
reposo tendré.

Gisele Rodríguez Vázquez
Puerto Rico

CIELO

Ciudad de sueños
trasciende lo sublime
de lo impoluto.

Invisible luz
que alumbra los caminos
del infinito.

Eterno sitial
reposo de las almas
purificadas.

Lumbrera sutil
almohada acojinada
para el sediento.

Obsequio de amor
con cánticos celestes
de querubines.

Adina Cassal

Estados Unidos

ESPERA (II)

Este teléfono
con esta musiquita
ya me cansó.

Suplicaciones
no ayudan, nada cambia
nadie responde.

Preferiría
estar en la montaña
en mar, en playa.

Entonces dejo
que mi mente se aleje
y se me escapa.

Respiro lento
y trato de calmar
mis pobres nervios.

¡Aló! ¡Aló!
¡Ay no! Ya me olvidé
por qué llamé.

César Talledo Saavedra
Perú

LA PAZ

Llama de pasión
mensaje en plenitud
goce del alma.

Ansias de vivir
el cielo en su gloria
siembra de amor.

Portal de virtud
el campo tal florece
el sol radiante.

Ángel de luces
la tierra su amparo
canto de gorrión.

Zumban las horas
de flores su impronta
canción de cuna.

Ana Lucía Caravajo Narváez
Ecuador

HIJO

Honradez pura
marca tu travesía
en este mundo.

Incluyes vida
en momentos alegres
del raudo tiempo.

¡Justicia siempre!
Es el lema precioso.
¡Jamás lo olvides!

¡Obstáculos, no!
Tu corazón delira
por la victoria.

Elba Gotay Morales
Puerto Rico

TRANSFORMACIÓN

Tiempos de cal y
arena se asoman
en la distancia.

Rudo su entrar
sacude y destruye.
Desgarra... Duele.

Aprendizaje
forjado por la crisis
habituada hoy.

Noches oscuras
busco y me encuentro.
Airosa saldré.

Soplan los vientos
transformando mi vida...
Arrebujada.

Favorecida
por la crisis, y tal vez
por mi decisión.

Oportunidad
para resurgir, por el
deseo vivo.

Resplandecer, dar
luz y aliento como
fertilizante.

Medicamento
para saber dar vida
en su plenitud.

Abandonando
posturas y rutinas...
Determinada.

Cambiar nos duele
pero no hacerlo, nos
consume, mata.

Importante es
aceptar, como seguir
nuestra esencia.

Obrar en amor
por uno y los demás.
Dando vida voy.

Nunca es tarde
cuando en tormentas nos
volvemos... ¡Amor!

Elba Morales Valdés
Puerto Rico

MADRE

Mi adorada
cuánto extraño tu ser
huérfana estoy.

Añoro estar
próxima a tu pecho
ceñida a ti.

Dama hermosa
mirada compasiva
sonrisa en flor.

Rica herencia
de valor y desvelos
nobleza sin par.

Entrega total
regalo más preciado
amor sin igual.

Isabel Ford
Uruguay

FUEGO

Fuerte, violento
lo que ves arrebatas
tus llamas queman.

Urge apagarte.
Destruyes montes, casas.
Eres violento.

Emerges fuerte
tan solo de una chispa
es suficiente.

Grandes fogatas
se forman de la nada
calor intenso.

O intencionales
de personas enfermas
que no razonan.

Magdalena Diez Lejarreta
Argentina

LOTO

Lustro mi espejo
con ahínco y esmero
causa y efecto.

Oro en el lodo
el veneno transformo
vital elixir.

Todos los días
lo divino en lo humano
de un loto nace.

Oro en reposo
se iluminan las sombras
la torre cae.

John Puente de la Vega
Perú

POESÍA

¿Puede un hombre
solo y simple mortal
contra la muerte?

¿O el olvido
arriesgando su sino
luchar y ganar?

En la estancia
de unos labios en flor
una dolencia.

Si no el amor
hallarás la respuesta
al son de tambor.

Inmensa fuera
y sempiterna, mi voz
para esculpir.

A puro verso
mi obseso deseo
de ser poeta.

María Eugenia Ruelas Hernández
México

AUSENCIA

Aún no partes
tu esencia está conmigo
abrazándome.

Un sueño tengo:
volver a ayer y decir
adiós a Papá.

Si pudiera oír
una vez más tu voz, ¿qué
me dirías hoy?

El firmamento
guarda brillante estrella
que me habla de ti.

No quiero olvidar.
Te recreo y te pienso
aún te sueño.

Camino sola
recordando tus pasos
mil enseñanzas.

Intento ser yo
otra vez, reconstruirme
y seguir fuerte.

Ahora eres tú
memoria continua que
está presente.

Nadia Arce
México

PAZ

Porque es amor
mundo necesitado
urgente de paz.

Ahora instante
mañana a la hora
ayer también.

Z final y A
el inicio sin fin es.
Siempre la quiero.

Honorio Agosto Ocasio
Puerto Rico

PIZARRA

Plasmas en tu ser
con nevada blancura
la mejor lección.

Integrando fe
en la tierna mirada
de la noble grey.

Zozobra jamás
invadirá tu alma
sedienta de paz.

Aunque lo virtual
intente marginarte
no sucumbirás.

Reinarás siempre
en el salón de clases
generacional.

Ratificando
en el niño de ayer
al hombre de hoy.

A ti, pizarra
surcada por la vida
mi gran ovación.

Milagros Rivera Otero
Puerto Rico

<u>HOY</u>

He visto un sol
ciego de lluvia gris
que me mojaba.

Olor a yerba
húmeda, entra a mi piel
vestida en luz.

Y era mi tarde.
Anunciaba la noche
amaneciendo.

Leyda Gómez
Puerto Rico

SED

Seco destino
buscando la desnudez
no de textiles.

Es la de la piel
pero no piel de fuera
del alma tal vez.

De farsa en la sien
se desvista el ego
cálmese la sed.

María del Carmen Sierra Burgos
Puerto Rico

ABOMINABLES

Acordémonos
fue la niñez coartada
en un suspiro.

Barbaridades
plasmadas en sucesos
incomprensibles.

Osadamente
sin compasión alguna
quitan la vida.

Mientras destrozan
a diestra y siniestra
los corazones.

Imaginamos
un abismo sin rostro
oscuro y frío.

Neblina densa
nos acorta el camino
y tropezamos.

¡Abominables!
De conciencia sórdida
y actuar maléfico.

Bombas de tiempo
caminando al paso
de su egoísmo.

Largo camino
pesado y torcido
veo adelante.

Eternizados
siempre amados quedan
en la memoria.

Sobrevivientes
de alma intocable
latiendo fuerte.

Ariel Santiago Bermúdez
Puerto Rico

NEGRA

No queremos ser
un papel en la esquina
de color raro.

Estoy plagada
de hojas tan oscuras
que abren esta piel.

Grande tal sombra
de luz intermitente
en esta espalda.

Roja. Negra. Soy
un pigmento de luces
en mis caderas.

Amo este color
tanto como mi vientre
por eso nací...

Araceli Blanco Rubio
México

TIERRA

Todos tus hijos
dependemos de tu ser
y tu nobleza.

Indigno el hombre
abusador contumaz
que te hace daño.

Emanas vida
animales y plantas
por todo el orbe.

Rugido interior
tiemblas y erupcionas
renovándote.

Ruegas ayuda
para seguir viviendo
y darnos amor.

Arquitectura
y diseños divinos
obra estupenda.

Kenia Hernández Hernández
México

SOÑAR

Suelto el control
siguiendo el camino
mantengo la paz.

Oculto está
aquel miedo interno
me hace llorar.

Ñandutí forma
conciencia inconciencia
por una senda.

Abro mi sueño
me encuentro despierto
confianza total.

Recuerdos tengo
creando con anhelos
nueva realidad.

Elba Agosto Hernández
Puerto Rico

MADRE

Mujer que sueña
dejar a su alma sana
entregándola.

A sus amores
causantes de dolores
desde su nacer.

Divinidades
acompañan su gesta
al invocarlos.

Reveladoras
en sonrisas y llantos
el materno amor.

Educándonos
a través de su vida
con y sin razón.

María Magdalena Rodríguez Vázquez
Puerto Rico

DA VINCI XI

Desde sus manos
desterrará mi dolor
tridimensional.

Anestesiada
al placer en bandeja
obedezco fiel.

Verá mi savia
humedecida y rota
desde su abismo.

Inmóvil dejo
acechar bajo mi piel
inescrutada.

Nada como sus
miradas digitales
tan asertivas.

Con su cámara
es ciencia en mi poesía.
¡Dicotomías!

Inmerso en mi ser
me enamora su calma
descubriéndome.

XOXO... De amores
doy gracias a la vida
¡y a mis doctores!

Impresionada
seguiré cuidándome
¡a lo "Da Vinci!".

Sandra Santana
Puerto Rico

EMIGRANTES

El emigrante
lleva la patria amada
en sus adentros.

Miles de miedos
le martillan la mente
a cada instante.

Infortunado
frente al lance violento
clama estoicismo.

Garabatea
"Partir también es morir
cuando se huye".

Renacimiento
en una tierra ajena
cuesta adaptarse.

Ante otros ojos
la desconfianza crece
y los temores.

Nace la angustia
de nunca pertenecer
aunque se quiera.

Terrible sino
desplazados, errantes
sin rumbo fijo.

El emigrante
añora que se acabe
la xenofobia.

Sueña y anhela
que la solidaridad
despierte en todos.

Edwin Torres Aponte
Puerto Rico

ÁRBOL

Acaríciame
con flores las mejillas
también el alma.

Ríe sobre mí
penetra tus raíces
no me dejes ir.

Baila, sí, baila
siente tu melodía
tus hojas en vals.

Ofrenda viva
tú, expresión natural
sombra me darás.

Lámpara verde
sonrisa de la lluvia
fin del vendaval.

Benjamín Milano
Puerto Rico

EL ÁRBOL

Estoy radiante
fotosintetizando;
yo soy un árbol.

Logré escapar
de una simiente mágica
en primavera.

Acariciaban
la tierra mis raíces
en el estío.

Repentizaba
para mí, el tiempo, trovas
de luz y lluvias.

Batallé enérgico
contra implacables ráfagas;
de pie, me encuentro.

Obsequio frutos
a ardillas, gente y pájaros;
el aire filtro.

Los sabios astros
me inician cada noche
en ritos cósmicos.

Eneida Rendón Nieblas
México

PIANO

Paso a paso
los sonidos del amor
van por el viento.

Ilusiones que
vibran dentro de mi ser
y se transforman.

Armonía fiel
llena de esperanza
suave, potente.

Néctar que alegra
que hace recordar
reír y llorar.

Ondas que viajan
y al autor recuerdan
en eternidad.

Edith Viera Pérez
Uruguay

ABRIL

Aroma de algas
atesora en sus costas
el mar inquieto.

Brisa y espuma
en perfecta armonía
bañan la arena.

Rayos brillantes
encandilan miradas
casi abatidas.

Iluso vuelo
despliegan las gaviotas
sobre las barcas.

Llanto de niños
desconsuelo de madres
redes vacías.

Jonathan Zuno
México

CUERDA

Camino final
que adorna desde el techo
sus destejidos.

Un sin contar es
de sus perfectos linos
ahogado ente.

Emisario alfa
de la mente callada
y de su tejer.

Rápida huida
cual infancia saltante
juego de jardín.

Distancia corta
inevitable final
amarrada está.

Arma de soga
juguete de pequeños
fin de adultos.

Cecilia Nayeli Ríos Macías
México

POLOS OPUESTOS

Pensando en ti
somos seres distintos
amor inverso.

Orden diverso
oportuno encuentro
coincidencia.

Lo que nos une
es un gusto contrario
mismo sentir.

Oír música
preferir el silencio
y congeniamos.

Sentirse libre
explorar nuevos mundos
aprender de ti.

Oscuro viaje
rodeada de sombras
eres mi brillo.

Prefiero noche
tú eres luz del día
me iluminas.

Único amor
sentimientos diversos
mismo cariño.

Extrovertido
unir las diferencias
introvertida.

Sentir el orden
en el caos de vida
eres la calma.

Tenerte cerca
aunque te sienta lejos
eterno querer.

Olvidándome
de todo el pasado
ser el presente.

Somos aprecio
recibiendo dulzura
dándonos amor.

María de Lourdes Gamboa Venegas
México

CALOR

Cada que veo
cómo me miras, pienso
cosas vividas.

Aunque no sé
si te das cuenta, pues
tú solo gozas.

Luego de que yo
me derrito al sentir
tu distintivo.

Otro día más
que debo pensar en ti
solo sintiendo.

Raro sería
que en tu temporada
me dejes en paz.

María Angélica Mina Carvajal
Puerto Rico / Colombia

SUEÑOS

Surco senderos
llenos de ilusión.
Enamorada.

Una voz mística
júbilo de alegría.
Pura armonía.

Ensartada de
impulsos, cantando voy
al son vibrante.

Ñapinda, olor
agradable... Despiertas
memorias en mí.

¡Os puedo decir!
Ráfagas del pasado.
Vivo el ahora.

Soñar en grande.
Eterna la emoción.
Lo puedo lograr.

Arlene Irizarry
Estados Unidos

MAMÁ

Me gustaría
abrazarte hoy día
sentir tu calor.

Acurrucarme
sobre tu regazo y
sentir tu amor.

Maldito cáncer
te lloro en silencio
siento el dolor.

Ángel eterno
te veo en mis sueños
siento tu adiós.

Brandon Alvizo Pérez
México

ALTER EGO

Al sonar el son
quiero demostrar quién soy
acrisolado.

Lato al compás
de mi frecuencia vibrar
lenguaje, danza.

Transformo mi ser
en ente dimensional
música sonar.

Ego muriendo
¿importa realmente?
Meditarlo más.

Rompiendo sogas
cosmogonía siendo
¿debo expresar?

Evito pensar
y solo comunicar
mis ambos entes.

Gobierna el mal
no lo trato demostrar
siempre brillar.

Oírme gritar
prefiero callarlo más
el mundo cambiar...

María de los Ángeles Santiago Ríos
Puerto Rico

SOLTAR

Sola vigilé
el redondo viaje que
enseña soltar.

Ojos alertas
corazón incrédulo
deber cumplido.

Libres y sanos
de la acción requerida
gesta lograda.

Tramos y surcos
impulsando la vida
creces creyendo.

Aliento fuerte
otorgado decidir
desprendimiento.

Resurgir en luz
creación y lugares
con amor de Dios.

María Rocío Rentería Palafox
México

MUJER

Musa en espiral
de estaciones inciertas
silueta diurna.

Un as secreto
cobija luciérnagas
en mares verdes.

Júpiter te ve
tras nebulosas blancas
escondida luz.

El otoño fue
paso que no regresa
en hilos plata.

Romántica voz
marea de veraniega
cicatriz que cae.

Ellos dijeron lo que querían decir.

www.ingramcontent.com/pod-product-compliance
Lightning Source LLC
Chambersburg PA
CBHW070451260626
47161CB00004B/1267